Birgit Utermarck

Noch 24 Tage

Neue Adventskalender

CHRISTOPHORUS
BRUNNEN-REIHE

Inhalt

Noch 24 Tage

Die 24 Tage bis Weihnachten können oft endlos lang erscheinen. Da bieten selbst gestaltete Adventskalender eine willkommene Möglichkeit, mit kleinen Überraschungen die Spannung zu erhalten und gleichzeitig die Tage zu verkürzen. Und: Nicht nur Kinder freuen sich über solch ein persönliches Geschenk!

Adventskalender gestalten muss nicht unbedingt sehr arbeitsaufwendig sein. Daher zeige ich einige Kalender, die relativ schnell zu fertigen sind, wie der Tüten- oder der Tannenbaumkalender. Sie bestehen aus einfachen Grundformen, die nur noch verziert werden. Bei anderen bietet sich eine schnelle Variante an: weniger Tier- oder Wichtelfiguren basteln und stattdessen Säckchen für die Elche, Gutscheine für die Raben und Päckchen für die Wichtel anfertigen. Oder einfach kleine Geschenke dazulegen, wie die Kreisel zwischen den weihnachtlichen Schiffen.
Einige großformatige Kalender, wie der Elchkopf oder der Weihnachtsmann mit der Schnur, werden ähnlich schnell wie Fensterbilder hergestellt und später nur noch mit kleinen Päckchen ausgestattet.

Sicher werden Sie beim Basteln noch eigene Ideen und Varianten entwickeln und so Ihren ganz persönlichen und originellen Adventskalender gestalten.
Viel Freude dabei wünscht Ihnen

Birgit Utermarck

So gehts

Das Werkzeug

Folgende Werkzeuge sollten Sie sich bereitlegen:

- scharfe Scheren in verschiedenen Größen
- Cutter
- eventuell Grafikermesser
- schnittfeste Unterlage aus fester Pappe oder aus speziellem Gummimaterial (Cutmat)
- Klebestift, z. B. UHU stic
- Alleskleber, z. B. UHU Alleskleber extra
- Weißleim, z. B. UHU coll

Kinder sollten mit einer Schere mit abgerundeten Ecken arbeiten.

Hinweis

Scheren, Alleskleber und Weißleim werden für alle vorgestellten Kalender benötigt und daher nicht mehr eigens angeführt.

Das Übertragen der Vorlagen

Alle Motive finden Sie in Originalgröße auf dem Vorlagebogen. Die Motivteile können mit Kohlepapier direkt auf das gewählte Material übertragen werden. Oder transparentes Zeichenpapier auf die Vorlage legen und alle Linien mit einem weichen Bleistift nachziehen. Dann das Transparentpapier mit der bemalten Seite nach unten auf das Werkmaterial legen und die Konturen ein zweites Mal mit einem harten Bleistift nachfahren und damit durchdrücken.

Das Anfertigen von Schablonen

Werden für einen Kalender viele gleiche Motivteile benötigt, fertigen Sie am besten eine Schablone an. Dafür die Vorlage mit Kohlepapier auf festen Karton übertragen und ausschneiden. Mit der Schablone lässt sich das Motiv beliebig vervielfältigen. Bei Schablonen für Schachteln (Adventshaus) die Motivlinien sorgfältig mit spitzem Bleistift durchzeichnen und die Faltlinien eventuell mit einem Cutter anritzen, um eine größere Genauigkeit zu erreichen.

Elch mit Päckchen

Abbildung & Materialangaben Seite 6/7

1 Elchgeweih auf Graupappe übertragen, ausschneiden und auf die Rückseite des gelben Moonrock-Papiers kleben. Konturen nachschneiden

2 Elchkopf, Mütze und drei Schalteile jeweils doppelt aus Tonkarton anfertigen. Elchmaul einschneiden. Konturstreifen unterschieben und befestigen. Zunge einstecken und fixieren. Augen anbringen, Innenohren ergänzen und Nase aus Wellpappe befestigen. Elchkopf doppelt hinterkleben.

3 Schalteile deckungsgleich aufeinander kleben. An beiden Schalenden sechs Löcher einstanzen. Farblich passende Filzstreifen von 13 cm Länge und $^{1}/_{2}$ cm Breite durchziehen und anknoten.

4 Doppelt geklebte Mütze fixieren und mit dem Besatz versehen. Zuvor einige Bastfäden als Haare darunter schieben. Für den Bommel einen Filzstreifen von 13 x 5 cm anfertigen und schmale Fransen bis auf 1 cm Abstand zur oberen Kante einschneiden. Diese Kante mit Weißleim einstreichen, den Filzstreifen eng aufrollen, mit einem Faden durchstechen und an der Mützenspitze festknoten.

5 Den Elchkopf auf dem Geweih anbringen. An den Markierungen Aufhängefaden einziehen. 24 bunt verpackte Geschenke mit Durchreibezahlen versehen und an das Geweih hängen.

Elch mit Päckchen

Material

- Graupappe, 1,4 mm dick
- Tonkarton in Ocker, Rot, Violett, Pink, Weiß, Schwarz
- Tonpapier in Dunkelbraun
- Wellpappe in Weiß, Pink
- Moonrock-Naturpapier in Gelb
- Filz in Rot, Violett
- Naturbast in Gold
- Deckweiß
- Durchreibebuchstaben in Gold

Vorlage A

Anleitung Seite 5

1
9
21
23
5
20

Rentierherde

Material

- 6 leere Küchenpapierrollen
- Tonkarton in Weiß, Beige, Gelb, Gelb-Orange, Ocker, Dunkelbraun, Grün-, Blau-, Rottönen
- Tonpapier in Gelb-Orange, Ocker, Dunkelbraun, Weiß
- Wellpappe in Rosé, Rot-Violett
- Krepppapier in Gelb, Ocker, Braun
- Bast in Gelb, Ocker, Braun
- 2,50 m Geschenkband aus Knautschpapier (ca. 10 cm breit) in Grün
- Kräuselband in Rot
- Nähgarn in Rot
- Filzstift in Schwarz

Vorlagen
B1 - B3

1 Für 12 Rentierkörper Küchenpapierrollen in Stücke von etwa 12 cm zerschneiden, flachdrücken und die Motivform daraus herstellen. Die hintere Kante anschließend tiefer ausrunden.

2 Die wieder rund gedrückte „Körperrolle" mit Tonpapierstücken von 12,5 x 15,5 cm umkleben. Die obere Papierkante einschneiden, umschlagen und fixieren. Die untere Kante an der Pappform abschneiden. Den Boden aus Tonkarton (B2) innen einkleben, dabei die Laschen hochklappen.

3 Kopf aus Tonkarton zuschneiden. Mit Augen und Nase versehen. Pupillen und Mund aufmalen. Geweih und Mütze anbringen. Schal von hinten gegen den Kopf kleben und beides am Körper fixieren.

4 Füße vorn und hinten am Körper befestigen. Schwanz aus drei Bastfäden flechten und durch ein Loch in der hinteren Körpermitte ziehen.

5 Krepppapier zuschneiden (19 x 12 cm) und von innen an die Rolle kleben. Kleine Überraschungen hineinlegen und das Krepppapier zudrehen.

6 Für die Säckchen jeweils ein 20 cm langes Stück Papierband mittig falten und oben mit Geschenkband zubinden. 24 gelbe Sterne zuschneiden, mit Zahlen beschriften und festbinden.

22
6
3
15
12
14
20
8
7

Kinderkette

1 Kinderfiguren aus Tonkarton anfertigen. Köpfe an den Körpern befestigen und mit Filzstift Gesichter zeichnen. Mit Deckweiß Lichtpunkte in die Augen tupfen und mit Buntstift Bäckchen betonen.

2 Bastfäden als Haare auf die Köpfe kleben und Mützen darauf setzen. Bei den Mädchen die Haare an beiden Seiten zusammenbinden. Allen Kindern die Haare nachschneiden.

3 Die Taschen doppelt aus Filz zuschneiden und mit dickem Stickgarn und einfachen Vorstichen zusammennähen. Für den „Trageriemen" das Stickgarn dreifach in einer Länge von etwa 9 cm von der einen zur anderen Seite spannen und eventuell mit Weißleim aneinander kleben.

4 Auf jeder Tasche ein Herz aus Tonkarton anbringen und mit Filzstift Zahlen aufmalen. Taschen über die Arme hängen und die „Riemen" an den Rückseiten mit Klebefilm fixieren.

5 Die Kinder mit den umgefalteten Händen aneinander hängen, festkleben und das oberste Kind jeder Kette an einem Rundholz befestigen.

Material

- Tonkarton in Beige, Pink, Türkisblau, Hellgrün, Violett, Mittelgrün, Rot, Dunkelgrün, Gelb
- Filz in Hellgrün, Gelb, Pink, Rotviolett
- Bast in Gelb, Orange
- Stickgarn in Grün, Rot, Pink
- Sticknadel
- Krepppapier in Gelb, Rot, Hellgrün, Dunkelgrün
- Deckweiß
- Filzstift in Rot, Schwarz
- Buntstift in Rot
- Rundholz, Ø 4-5 cm
- Klebefilm

Vorlagen
C1 - C2

3
10
18
20
12
5

Lustige Raben

Material

- Tonkarton in Schwarz, Gelb, Rot, Weiß
- Tonpapier in Weiß
- Viskosebast in Schwarz
- Filzstift in Schwarz
- Filz in Rot
- Lackstift in Gold

Vorlagen

D1 - D3

1 12 Raben aus Tonkarton ausschneiden, dabei jeweils einen Flügel einschlitzen. Köpfe mit Schnabel und Augenpunkten bekleben, mit Filzstift Pupillen malen. Bei einigen Raben am Oberkopf ein Loch einstanzen und dort drei Bastfäden anknoten (siehe Zeichnung). Die anderen Figuren erhalten eine Mütze mit Besatz und Bommel.

2 Flügel und angeschnittene Schachteln falzen. Flügel nach vorne umfalten und Schachtelwände nach hinten hochbiegen. Dabei mit den seitlichen Klebelaschen die Schachteln zusammenfügen und an den Rabenkörpern fixieren.

3 Füße montieren. Aus Filz einen 22,5 x 2,5 cm großen Schal herstellen, an den Enden Fransen einschneiden und den Schal um den Hals knoten.

4 Offene Schachteln mit Überraschungen füllen. Zusätzlich 12 kleine Blätter aus Tonpapier in der Größe von 8 x 11 cm zuschneiden und darauf Gutscheine, Gedichte, Rätsel oder Aufkleber anbringen. Blätter aufrollen und durch die Schlitze in den Flügeln stecken.

5 Mit Lackstift die Raben und mit schwarzem Filzstift die Gutscheine beschriften.

1 2

9
13
4
15
22
2
8
12

Geschenktüten

1 Von der Tütengrundform (E1) eine Schablone herstellen. 24 Tüten aus Tonpapier in verschiedenen Rot- und Grüntönen ausschneiden.

2 Die Grundform über der Tischkante runden und zu einer Tüte rollen (siehe Zeichnung). Dabei die linke Seitenkante nach rechts einrollen und an der vorderen Mittellinie festkleben. Die Tüte weiter rollen und die rechte Seitenkante an der hinteren Mittellinie fixieren.

3 Für jede Tüte ein weihnachtliches Symbol aus Glanzpapier ausreißen und mittig aufkleben.

4 Auf Holzwäscheklammern mit Filzstift Zahlen schreiben und damit die Tüten an einer Goldkordel aufhängen.

5 Kleine Überraschungen in farblich abgestimmtes Krepppapier wickeln und die Tüten damit füllen.

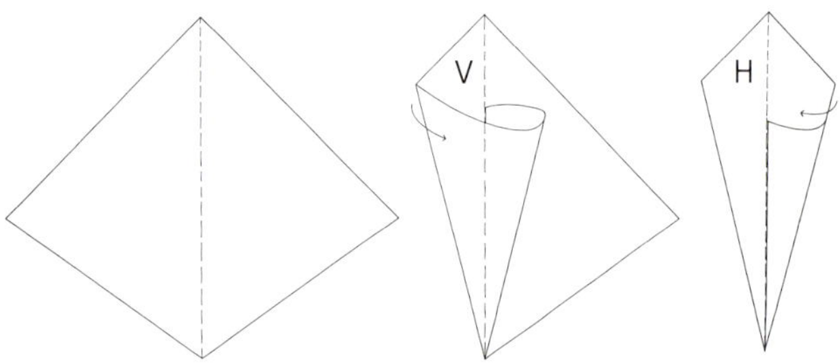

1 2 3

Material

- Tonpapier in Dunkelgrün, Blaugrün, Gelbgrün, Rot, Violett
- Glanzpapier in Weiß, Gelb, Rot, Blau, Grün, Schwarz
- Krepppapier in Weiß, Gelb, Rot, Blau, Grün
- Goldkordel
- 24 Holzwäscheklammern
- Filzstift in Schwarz

Vorlagen
E1 - E8

3
12
1
15
20
18

Mond und Sterne

Material

- Tonkarton in Gelb, Weiß, Blau, Rot
- Wellpappe in Weiß, Gelb-Orange, Rot
- Perlonfaden in zwei Stärken
- Reißbrettstifte
- 3 m Holzlatten, 20 x 35 mm
- 5 m Satinband in Weiß
- 3 m Satinband in Gelb
- selbstklebende Sterne in Gold
- Krepppapier in Gelb, Weiß
- Deckweiß
- Streichholzschachtel
- wasserfester Filzstift in Schwarz

Vorlagen

F1 - F3

1 Mondfigur mit Mütze und Backenbart bekleben. Zuvor das Ohr an der markierten Linie falzen, falten und mit der Klebelasche unter den Bart schieben. Augen und Bäckchen anbringen. Schnurrbart mit Mundstück hinterkleben und nur in der Mitte auf dem Gesicht fixieren. Bartspitzen nach vorne wölben. Am rechten Mützenrand in Höhe der Krempe rückwärtig eine Streichholzschachtel befestigen und mit einer Überraschung füllen.

2 Acht große und 15 kleine Sterne zuschneiden. An den Markierungen Löcher einknipsen und jeweils 30 cm Satinband durch die Sterne hindurchziehen. Für die großen Sterne Überraschungen, für die kleinen Bonbons in Krepppapier wickeln und mit dem Band auf den Sternen befestigen. Einen weißen Stern an der Mützenspitze des Mondes anknoten.

3 Aus Holzlatten einen Rahmen von etwa 75 cm Höhe und 60 cm Breite anfertigen. Dafür die Latten entweder aufeinander nageln oder im Baumarkt auf Gehrung schneiden lassen.

4 Den Rahmen hinlegen, Mond und Sterne anordnen, an allen Teilen Perlonfäden anknoten und diese auf der Rückseite des Rahmens mit Reißbrettstiften befestigen. Einige Sterne an den Rahmen kleben. Einen stärkeren Perlonfaden als Aufhängung an den oberen Ecken des Rahmens anknoten. Selbstklebende Sterne mit Zahlen beschriften und anbringen.

Material

- Tonkarton in Hellrot, Dunkelrot, Pink, Violett, Weiß, Beige
- Wellpappe mit Punkten in Grün, Blau, Weiß, Rot
- Filz in Hellrot, Dunkelrot, Pink, Violett
- Hanf (Dichtungs-material)
- Krepppapier in Blau, Türkis
- Kräuselband
- Stickgarn
- gemusterte Baumwollstoffe in Weiß, Rot, Blau
- Filzstift in Schwarz
- Deckweiß

Vorlagen

G1 - G4

Wichtel mit Päckchen

1 Wichtelgrundform aus Tonkarton und Schal aus Wellpappe anfertigen. Kopf mit Schal an der Grundform befestigen. Augen und Mund mit Filzstift zeichnen, Nase aufkleben und etwas Deckweiß als Lichtpunkt auf die Augen tupfen. Haare aus Hanf am Oberkopf festkleben.

2 Die angeschnittene Schachtel falzen. Boden, Seitenwände und Rückwand falten. Eine Seitenwand mit den Laschen an Vorder- und Rückwand befestigen. Hintere Halsrundung an der vorderen fixieren. Standfläche (G3) unter den Boden kleben.

3 Aus Filz eine Zipfelmütze zuschneiden, zusammenkleben, über Kopf und Haare stülpen und am Hinterkopf festkleben. Haare bei den Mädchen zusammenbinden, bei den Jungen kurz abschneiden.

4 Die Jungen erhalten drei Knöpfe aus Tonkarton (8 mm Ø), die Mädchen eine Stoffschürze (8 x 3,3 cm). Schürze an der oberen Kante in Falten legen, kleben und am Körper fixieren.

5 Sterne aus Tonkarton zuschneiden, mit Zahlen beschriften, auf einen Faden ziehen und damit anschließend die Mützenspitzen abbinden.

6 Überraschungen in die seitlich zu öffnenden Wichtel stecken. Geschenke einwickeln, mit Sternen versehen und zwischen die Wichtel legen.

7
12
3
10
5
2
4
21
15
8
13

Material

- Plakatkarton in Rot
- Tonkarton in Rot, Beige, Weiß, Rosé, Pink, Dunkelbraun, Schwarz
- Regenboden-Tonkarton im Bereich Orange-Rot
- Wellpappe in Weiß
- Filz in Weiß
- 1,50 m Kordel in Gold
- Krepppapier in Rot, Hellgrün, Dunkelgrün
- Kräuselband in Grün, Rot
- Goldband
- 3 weiße Knöpfe, Ø 1,8 cm
- Baumwollgarn (Topflappengarn) in Rot
- Stopfnadel
- Filzstift in Schwarz
- Deckweiß
- selbstklebende Zahlen in Weiß
- Kraftkleber

Vorlagen

H1 - H2

Weihnachtsmann

1 Die Grundform aus Tonkarton zuschneiden. Gesicht aufkleben, dann Backenbart und Schnurrbart anbringen. Dabei die Spitzen etwas nach vorne wölben. Anschließend an Mütze, Ärmeln und Mantelsaum Pelzbesatz aus Wellpappe fixieren.

2 Gesicht mit Augen und Nase aus Regenbogen-Tonkarton bekleben. Mit Deckweiß Lichtpunkte in die Augen setzen und mit Filzstift Mund aufmalen.

3 Hände von hinten an die Ärmel kleben. An den markierten Linien falzen und nach vorne umfalten. Füße ergänzen.

4 Für die Knöpfe jeweils zwei Löcher vorbohren. Durch Mantel und Knöpfe mit Stopfnadel dicken Baumwollfaden hindurchziehen und auf der Rückseite verknoten.

5 Die fertige Figur auf stabilen Plakatkarton kleben und die Außenkonturen vorsichtig nachschneiden (Achtung: umgefaltete Hände!). Tasche mit Kraftkleber so auf die markierte Linie setzen, dass sie sich etwas vorwölbt.

6 24 kleine Geschenke und Bonbons in Krepppapier wickeln und abwechselnd an die Goldkordel anknoten. Das letzte Päckchen steckt in der Manteltasche. Kordel an den Händen festkleben und die Enden verknoten. Selbstklebende Zahlen anbringen.

1
2
3
4
5
6
7
8
9
10
11
12
13
14
15
16
17
18
19
20
21
24

Schiffe

Material

- Tonpapier in Weiß
- Bastelfolie in Gold, Silber, Kupfer
- handgeschöpftes Geschenkpapier in Weiß, Hellblau, Orange
- Tonkarton in Türkisblau, Gelb
- Krepppapier in Blauviolett, Rotviolett, Orange, Gelb, Türkisblau, Dunkelblau
- Schaschlikstäbchen
- Flaschenkorken
- Stopfnadel
- selbstklebende Zahlen in Schwarz

Vorlagen

J1 - J6

Tipp

Wer weniger Teile arbeiten will, legt kleine Geschenke zwischen die Schiffe, z. B. Kreisel, Bälle oder Bonbons.

1 Aus Tonpapier und Bastelfolien für die kleineren Schiffe Rechtecke von 17 x 24 cm, für die größeren Rechtecke von 21 x 29 cm zuschneiden. Schiffe falten.

2 Für die Masten Schaschlikstäbe mit dem stumpfen Ende in Korkscheiben (Flaschenkorken) von etwa 2 cm Ø und 1 cm Höhe stecken. Spitze Enden der Stäbe durch die zuvor gekappten inneren Spitzen der Schiffe schieben. Korken als „Ständer" zwischen die unteren Schiffswände klemmen und eventuell festkleben.

3 Segel aus Geschenkpapier zuschneiden, mit einer dicken Stopfnadel Löcher hineinbohren und Masten hindurchstecken. An den Mastspitzen kleine Flaggen befestigen. Bordwände mit selbstklebenden Zahlen schmücken und die Schiffe mit verpackten Überraschungen füllen.

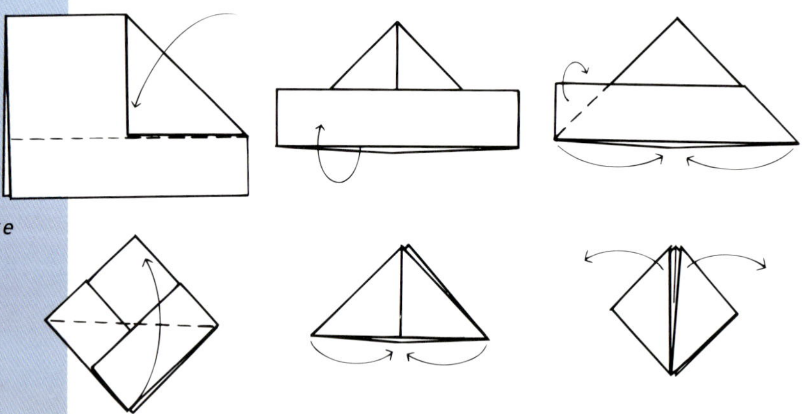

11
18
20
12
15
8
22

Weihnachtsuhr

Material

- Plakatkarton in Gelb
- Tonkarton in Rot, Weiß, Pink, Türkisblau, Grün, Schwarz, Orange, Beige, Mittelbraun
- Wellpappe in Grün, Blau
- Maulbeerbaum-papier in Weiß
- selbstklebende Sterne in Silber
- Musterbeutel-klammer
- wasserfester Filzstift in Schwarz
- Deckweiß
- Baumwollband in Rot
- 24 leere Streich-holzschachteln
- Gewebeband in Weiß, 19 mm breit
- dünne Stopfnadel

Vorlage K

1 Weihnachtsmann samt Einzelteilen aus Tonkarton und Wellpappe ausschneiden. Alle weißen Teile, außer Knöpfen und Schnalle, mit Maulbeerbaumpapier bekleben. Figur zusammenfügen.

2 Auf der Rückseite des Plakatkartons die Vorlage mittig positionieren und die Türen sowie den Bildmittelpunkt übertragen. Türen an drei Seiten einschneiden, Scharniere falzen, auf der Vorderseite leicht öffnen und vorfalten. Farbigen Quadrate (3,5 x 3,5 cm) zuschneiden und aufkleben.

3 Auf der Rückseite jeweils eine Streichholzinnenschachtel mittig über die Türöffnung legen (siehe Vorlagebogen) und die beiden schmalen Querseiten mit 3 cm langen Streifen Gewebeband an der Rückwand befestigen. Von der Vorderseite aus mittig durch jedes Scharnier ein Baumwollband hindurchziehen, um die Streichholzschachtel führen und durch die Türöffnung wieder nach oben ziehen. Schachteln füllen und Türen zubinden.

4 Weihnachtsmann anbringen. Dazu durch den Mittelpunkt der Rückwand, den Schulterpunkt und den separaten Arm jeweils ein Loch bohren. Figur so festkleben, dass die Löcher übereinstimmen. Den beweglichen Arm mit Figur und Rückwand durch eine Musterbeutelklammer verbinden. Selbstklebende Sterne mit Zahlen beschriften und anbringen.

Adventshaus

Material

- Tonkarton in Weiß, Hellblau, Türkisblau, Dunkelblau, Violett, Rot, Pink, Mittelgrün, Dunkelgrün, Gelb
- Wellpappe in Rot
- Falzbein
- Filzstift in Schwarz

Vorlagen
L1 - L16

1 Die 24 Schachteln, aus denen das Haus besteht, werden nach drei Schnitten (A, B, C, siehe Vorlagebogen) mit einer jeweils zur Hausansicht gerichteten Türklappe angefertigt. Von diesen drei Schachtelschnitten und dem Schnitt für die Dächer jeweils Schablonen anfertigen (siehe Seite 4).

2 Folgende Schachteln werden benötigt:
- 16 weiße (5 x A, 4 x B, 7 x C)
- 4 hellblaue (2 x B, 2 x C)
- 4 violette (1 x A, 1 x B, 2 x C).

Schnitte jeweils auf Tonkarton übertragen, dabei alle Faltlinien mit einzeichnen. Ausschneiden, alle markierten Linien falzen und zur Schachtel falten. Die schraffierten Flächen sind die Klebeflächen.

3 Schachteln dem Schema (L5) entsprechend mit den Klappen nach vorn zum Haus zusammenkleben. Die Dachflächen aus Wellpappe zuschneiden, falzen, rechtwinklig falten und aufkleben.

4 Schachtelklappen mit Türen, Fenstern, Tannenbäumen und Herzen schmücken. Auf die „Mauervorsprünge“ Buchsbaumtöpfe setzen. Klappen mit Zahlen beschriften.

9
23
4
16
13
3
20
18
22
6
17
15
7
24
8
2
19
5
1

Tannenbäume

Material

- Tonkarton in verschiedenen Grüntönen, Rot
- Schnipselkarton in Grün
- Maulbeerbaumpapier in Grün
- Wellpappe in Hellgrün, Dunkelgrün, Rot, Pink, Hellblau, Violett, Natur
- Satinband in Rot, Violett, Pink, Hellgrün, Blau, Türkis
- Filzstift in Schwarz
- Lochzange

Vorlagen
M1 - M5

1 Aus Tonkarton, Schnipselkarton, Wellpappe und auf Karton kaschiertes Maulbeerbaumpapier 24 Tannenbäume in vier Größen zuschneiden.

2 Bäume falzen, falten, Vorder- und Rückseite mit Streifen, Punkten, Herzen, Sternen und Dreiecken aus Wellpappe verzieren. Bei einigen Tannenbäumen Bänder anknoten oder durchziehen.

3 In die doppelten Tannenbaumspitzen von Vorder- und Rückseite ein Loch stanzen (Lochzange), jeweils etwa 20 cm Satinband hindurchziehen und zur Schleife binden.

4 Aus rotem Tonkarton Sterne zuschneiden, mit Zahlen beschriften und auf die Bänder ziehen. In die seitlich offenen Bäume kleine Geschenke schieben.

8
12
20
7
5
14
18
22

Schneemänner

Material

- Tonkarton in Weiß, Rosé, Pink, Violett, Hellgrün, Dunkelgrün, Türkisblau, Schwarz
- Canson in Orange
- Bast in Natur
- handgeschöpftes Geschenkpapier in Hellblau, Orange
- Krepppapier in Gelb, Pink, Violett, Hellgrün
- Musterbeutelklammern
- wasserfester Filzstift in Schwarz
- Lochzange

Vorlagen

N1 - N3

1 12 Figuren aus weißem Tonkarton anfertigen und 6 Damen- und 6 Herrenhüte mit farblich passenden Schals und Tüchern zuschneiden.

2 Mit Filzstift Augen und Münder zeichnen. Die Schneemänner erhalten eine große, die Schneefrauen eine kleinere Nase. Am Oberkopf Basthaare (siehe Vorlagebogen) aufkleben. Hüte einschlitzen und darüber stülpen. Anschließend Blumen und Hutbänder ergänzen. Die Figuren mit Schals, Tüchern und je drei Knöpfen schmücken.

3 Für die „Körbe" jeweils Quadrate von 15,5 cm Seitenlänge aus handgeschöpftem Papier zuschneiden. Nach der Zeichnung falten und die linke Spitze mit Klebstoff fixieren. In die „Körbe" und die Arme der Figuren mit der Lochzange Löcher einstanzen.

4 Um jede Figur diagonal einen Bastfaden knoten und daran die eingewickelten Bonbons festbinden. Die Körbe und die Figuren mit Musterbeutelklammern verbinden. Jedes Teil mit Filzstift beschriften und die Körbe mit kleinen Geschenken füllen.

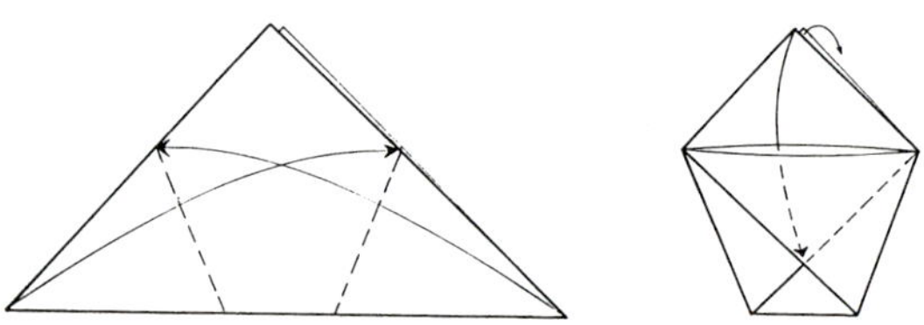

8
12
4
13
9
10
21
6
18
3

Impressum

ISBN 3-419-56164-4

Textredaktion:
Ursula Brunn-Steiner, Wiesbaden

Styling und Fotos:
Roland Krieg, Waldkirch

Covergestaltung und Layoutentwurf:
Network!, München

Gesamtproduktion:
smp, Freiburg
Layout: Gisa Bonfig

Druck:
Freiburger Graphische Betriebe

Wir sind für Sie da, wenn Sie Fragen zu AutorInnen, Anleitungen oder Materialien haben. Und wir interessieren uns für Ihre eigenen Ideen und Anregungen. Faxen, schreiben Sie oder rufen Sie uns an. Wir hören gerne von Ihnen!
Ihr Christophorus-Verlag

Christophorus-Verlag GmbH
Hermann-Herder-Str. 4
79104 Freiburg
Tel.: 0761/ 27 17-0
Fax: 0761/ 27 17-3 52
oder e-mail:
info@christophorus-verlag.de

Aus der Brunnen-Reihe

3-419-56161-X

3-419-56162-8

3-419-56163-6

3-419-56165-2

3-419-56166-0